Andi y La Mina

de

Oro

By Georgette Baker

Capítulo Uno

El aire me asfixiaba con su calor y polvo cuando recién llegábamos a Randsburg en el verano de 1962. Iba a ser otro verano sofocante en este pequeño pueblo fantasma en el Desierto Mojave de California, caliente, polvoriento y aburrido. No habían fantasmas aquí, sólo lo llamaban un pueblo fantasma porque hace ya mucho tiempo casi nadie vivía aquí. Randsburg estaba prácticamente abandonado. Hubiera sido algo interesante si hubiesen fantasmas pero de veranos pasados, supe que no había nada interesante en este pueblo minero.

Yo era el único niño de mi edad en este lugar olvidado y sucio, los otros o eran más jóvenes o mucho mayores que yo. A los 10 años habían otros lugares donde preferiría estar.

Mamá estacionó el carro, un Lark Studebaker stationwagon, delante de la casa de dos dormitorios que alquilamos cada verano. Empezamos a desempacar las cajas llenas de cosas para vender en la tienda de mamá. Con los brazos cargados, nos dirigimos en la dirección del antiguo edificio del banco. La tienda de mamá se encontraba a lado de la tienda de chuchería anticuada. Me aparté a un lado rápidamente cuando un chaparral grande, rodando en una ráfaga de viento, amenazó con golpearme.

A lo lejos podía ver las Montañas El Paso. Ayudé a Mamá llevar las curiosidades y la alfarería que vendía a turistas durante el verano. El dinero no nos alcanzaba desde que Papá había muerto en un accidente de avión. Mamá, una maestra durante el año escolar, suplementaba sus ingresos vendiendo chucherías a mineros y aficionados de historia o a los excursionistas que viajaban Carretera 395.

"Como ya sabes, Andi, hay varias minas de oro aquí," Mamá dijo, tratando de alegrarme. "Ahora que eres mayor, quizás podrías ir a ver cómo sacan el oro de las minas."

"¿Mamá, qué haría yo con oro?" pregunté tratando de desimular mi interés.

"¿Qué qué? ¡Guillermo Andrés Gomez! ¿Qué harías con

2

ɔro? ¡Llévalo a la Tienda General y cómprarte una gaseosa Nehi y un pastel Moon Pie para comer!" Mamá contestó mirándome severamente y tratando de no reír. Ella sólo me llamaba Guillermo Andrés cuando quería que pusiera atención, de otro modo me llamaba Andi.

"Baja a la tienda y pregúntale al Señor Baker donde está la Mina Butte. Pero Andi, por favor ayúdame descargar todo del carro primero.""

Regresé al carro y recogí una caja llena de cuadros diminutivos pintadas por Mamá. Leí el nombre en la esquina, *Esperanza*, el nombre de mi Mamá era "Hope" pero ella siempre lo firmaba en español, "Esperanza". Adoraba los idiomas.

""Gracias hijo, eres una gran ayuda. Te veré más tarde. Haré pollo bistec frito y "bísquets" para la cena, trata de no llegar tarde.   Andi, lleva tu linterna y una cantimplora con agua."

"Sí mamá," dije ddesconsoladamente. "¡La cantimplora! Cuánto se supone que debo cargar!" pensé.

Encontré una cantimplora vieja con una correa, la llené con agua fresca, del fregadero, en el baño de la tienda.

Regresé a donde estaba el carro y encontré a mi linterna en la guantera del Studebaker, nuestro carro bronceado viejo ahora cubierto con una capa fina de polvo. Regresé a la tienda. Me despedí de Mamá y su cara se iluminó como s yo le hubiera dado un regalo.

Me dirigí hacia la Tienda General. Arrastré mis zapatos de tenis en el camino de tierra de las calles chuecas, pateando una piedra de vez en cuando. Pasé edificios de madera conocidos de veranos pasados. Miraría las revistas de comiquitas de *Superman* y decidiría cuál compraría si encontrara algún oro.

Los montones de equipo mineras, viejas, abandonadas alteraban el paisaje como huesos desintegrados de dinosaurio. Las cortinas de las ventanas abiertas de las pocas casas de adobe, de piedra, y madera fueron levantadas por el aire. El viento soplaba polvo por la calle adelante de mí. El aire caliente resecaba mis labios.

La tienda General era un edificio de madera con una fachada pintada de color marrón. Dos grandes ventanas, a cada lado de la puerta de madera, me permitieron ver las mercancías dentro de la tienda. Las palabras, "General Store" estaban pintadas en la frente de la tienda por encima de las ventanas y puertas y "Soda Fountain" estaba escrita por encima de esas. Las puertas de madera golpearon ruidosamente detrás de mí cuando entré. El interior de la tienda estaba frío y oscuro; la fuente de soda dominaba el lado izquierdo del mercado. Sillas marrón estaban como centinelas inmóviles y vacías. Podía oler los jarabes dulces para hacer "crème soda" y cremas de huevo, zarzaparrilla y COKE de cereza cuando el fosfato líquido era agregado.

Yo podía oler mi favorito, COKE vanilla . Al otro lado de la tienda habían latas de frijoles, cajas de jabón en polvo y otros artículos para el hogar. La caja registradora se encontraba en un contador en la parte delantera de la tienda, la escala de oro ocupaba una posición prominente. Al final de la tienda, un refrigerador tenía sodas en botellas, entre ellas mí preferido, NeHi de naranja. Los libros y revistas de colores brillantes se mostraban claramente en los estantes de madera junto al refri. Miré al Sr. Baker, flaco y alto, sentado leyendo un periódico, sus gafas de alambre encaramadas en su nariz. Estaba sentado en una silla cerca del estante de revistas.

"Buenas tardes, Sr. Baker. ¿Cómo está usted?" Pregunté, recordando que era importante usar mis mejores modales o podría enterarse mi mamá. Vivíamos en una Base Naval donde ser cortes era obligatorio.

"Buenos días Andi, ¿qué puedo hacer por ti hoy?"

"¿Dónde está la Mina Butte?"

6

"La Minas Butte ¿eh? ¿Vas a gastar aquí el oro que encuentres? "

"Seguro nadie más vende nada que yo quiera." Yo le respondí y recogí el más reciente libro de cuentos de Supermán. El Sr. Baker se rió como si hubiera dicho algo gracioso.

"Sabes hijo, la Compañía Minera Butte fue fundada en 1899 y produjo un total de dos millones de dólares en oro y plata."

"¡Uao, me gustaría ver esa cantidad de oro!" dije. El Sr. Baker sonrió. "¡A quién no! Ahora, hijo, esto es lo e debes hacer. Pasa el lugar llamado el "Joint", el lugar donde todo el mundo se reúne; pasa la Iglesia de Santa Bárbara y la vieja escuela de secundaria. Si miras cuidadosamente, verás la parte superior de la montaña Roja y oirás más cerca el ruido "bum, clac, bum, clac" realizado por la máquina de estampado en la mina. Se oirá más fuerte y más fuerte y sabrás que te estás acercando a la Mina Butte. Cruza una pista sencilla, antigua de mina y podrás encontrarte con la mina tarde o temprano. No olvides tu agua y una linterna."

"Sí   Señor," yo le respondí ojeando   el más reciente Supermán.   La portada   decía, *Los Últimos Días de Supermán* y mostraba una foto de mi héroe favorito   en un enorme bloque de hielo, precio 12 centavos. ¿Pudo haber sido 12 dólares, donde iba a obtener yo 12 centavos?

Agradecí al Sr. Baker y salí al día abrasador. Doblé a la izquierda, desconsolado porque no tenía el dinero para la nueva revista Superman.

CAPÍTULO 2

Me fijé más allá de   las enormes, sucias, maquinas deterioradas y abandonadas, a la cima de la montaña Roja. Empecé a caminar por la carretera polvorienta en esa dirección. Anduve quince minutos. Miré brevemente al lugar a mi derecha, pasé la iglesia, leí su letrero pintado a mano, **1889 Iglesia de Santa Bárbara.** La torre alta y blanca se dirigía hacia el cielo como la lanza de un caballero. Bam, clac, bam, clac, una y otra vez escuché los golpes rápidos y monótonos de martillos pesados sobre piedras. Bam, clac, bam, clac.

Miré hacia abajo, al suelo, para mantener el brillo del sol fuera de mis ojos. Vi a una tarántula grande y marrón dirigirse hacia un pequeño agujero en la tierra.

Busqué a mí alrededor por un palo, contento de tener algo que ver además del camino por el cuál andaba. La criatura peluda se metió rápidamente en una apertura oscura entre los grandes piedras. Me arrodillé para examinar al agujero. Tomé mi pequeña linterna de mi bolsillo de jeans y lo brillé en la apertura. Allí estaba la araña, sus ocho patas encogidas, mi luz se reflejaba de sus colmillos.

Busqué a mí alrededor por un palo, no vi a ninguno. Me levanté, miré a mí alrededor de nuevo y abandoné mi idea de sacar a la araña. Hacía demasiado calor para estar persiguiendo animales. Clac, bam, Bam, clac, el ruido resonó una vez más en mi conciencia. Vi el sencillo segmento de una vieja mina mencionado por el Sr. Baker.

Me subí en la pista oxidada y con brazos extendidos caminé rápidamente, balanceándome cuidadosamente. Anduve 15 pies exitosos cuando vi a un lagarto cornudo en un tablón de madera. El lagarto gordinflón parecía un monstruo feroz y enojado. Cuernos sobresalían de todas partes de su cuerpo. Me dirigió una expresión furiosa, esa criatura e tamaño de mi pulgar, me reí y pasé sin estorbarlo sonriendo. Un segundo mas tarde, perdí mi balance y me caí, apenas evitando cortarme la boca abierta en las piedras en el suelo.

"¡Argh!" Grité desde mi cama polvorienta. Fue entonces cuando lo vi.

CAPÍTULO 3

Era una apertura grande, oscura, en la tierra, rodeada por listones de madera como la boca de un pájaro gigante queriendo alimentarse, esperado un cuerpo para tragar. Puse mi oído sobre el terreno y escuché. No hubo ruido del estómago del monstruo y ningún sonido de trabajadores en la mina. Yo sabía que no era la mina Butte porque no estaba nadie. La mina de Butte no, pero, una mina abandonada, mi mina, mina de Andi. Me lo imaginé, muchacho de diez años se hace rico cerca de Randsburg, California, compra una casa para su madre y, y ¿qué? Si la mina era mía será mejor que fuera ver lo que podía encontrar. Me levanté, mi ropa cubierta de polvo. Recogí a mi linterna y coloqué a mi cantimplora a mi lado izquierdo. Me asomé a la apertura y miré adentro. Pistas, rojas de acero oxidado, que habían sido usadas para guiar los carros de la mina hacia el vientre de la tierra, estaban aún en su lugar. Planchas de madera distorsionadas por el sol y el calor eran los restos de una escalera. Iba a recibir la peor paliza de mi vida si me metiese allí abajo en la mina sin estar acompañado. Nadie me encontraría jamás si me caera y estuviera herido.

Esos pensamientos se disolvieron más rápido de lo que habían llegado. Esta era mi mina, la de Andi, mía y yo tenía que ir hacia abajo a ver lo que había que ver.

Me senté al borde de la apertura oscura rodeada de madera. Mis pies colgaron cerca de la escalera chueca y podrida. Tomé la linterna de mi bolsillo trasero y lo prendí. La oscuridad absorbió los rayos. Recogí una piedra y la dejé caer adentro de la mina; pasó un instante y escuché cuando golpeó. "No es muy profundo," pensé aunque no pude ver nada más que la oscuridad interminable. Me puse boca abajo y sin vacilar puse mi pié en el primer peldaño de la escalera y descendí hacia la oscuridad.

Llegué rápidamente a la parte inferior. La mina no era tan profunda como parecía. Mi linterna ahora apareció más brillante y ondeaban los rayos de luz en las paredes. Piedras cortadas estaban tiradas por todas partes y un pedazo de un hacha minera había sido descuidadamente arrojado encima de ellas. ¡No había nada, ningún oro brillaba ni de arriba ni de abajo! La mina había sido cerrada y ahora era una pequeña cueva vertical, un agujero grande, era mi cueva vacía llena de rocas y un "¡Aaaaagh!!!!!!" Solté un grito al ver la víbora que casi había pisado. Dejé de moverme. No oí nada, no sentí nada, los cascabeles de la culebra no cortaron el silencio infinito y no sentí ningún dolor insoportable. Necesitaba moverme o me desmayaría. En cámara lenta y durante lo que me pareció ser horas, alumbré el espacio donde me acordé haber visto a la serpiente. Aún estaba allí, no se había movido. Permanecí donde estaba, tratando de calmar mi respiración para no asustar al cascabel. Mamá no iba a tener que matarme, ya estaba muerto. Moví la linterna hacia abajo una vez más, él no se había movido. Me asomé hacia él, pero no movió un músculo. Era viejo, y donde sus ojos habían estado habían agujeros enormes. Su piel estaba arrugada acobijando su esqueleto. Exhalé dándome cuenta de que había dejado de respirar. La serpiente estaba muerta.

Corrí. Agarré la suspensión de la pista. Extendí mis piernas y salí de la mina como un cohete. Cantina golpeando mi cadera, linterna apretada en mi puño cerrado, logré alcanzar la superficie.

 No podía esperar para contarle a mamá cómo encontré el cascabel en una mina abandonada ella…, ella nunca se enteraría. No podía decirle porque nunca me dejaría fuera de su vista.

Me senté sobre una gran roca, respirando fuertemente por mi subida precipitada. Tomé un trago de agua tibia de la cantina y me acordé de la serpiente: miedosa, escalofriante, carne seca, vieja. Había muerto y se había conservada por el calor, la sequedad y el polvo, incluso había permanecido su cascabel. Nadie había estado en esa mina en años. Así que era mi mina y necesitaba un nombre. La llamaría Mina Cascabel de Andi.

CAPÍTULO 4

Miré hacia el cielo, el sol se había movido y sabía que si quería llegar a casa antes de que oscureciera mejor me ponía en marcha hacia la mina Butte. Mamá dijo que tendríamos filete de pollo frito y galletas. Me quedaban tres horas para encontrar y regresar de la mina.

Una vez más me dirigí en la dirección de Montaña Roja, ya no estaba visible, pero el "bam clac, bam clac" estaba claro. Empecé a caminar hacia el sonido.

Escuché al ruido de metal sobre metal mucho antes de ver el letrero chueco, de madera **"Butte Mine"**. Se oía el sonido que el carro minero hacía en su viaje lento del enorme agujero en el suelo a la superficie. Lo oía a pesar de los golpes rítmicos "bam clac, bam clac". Pude oír voces masculinas, parecían vibrar de la tierra.

"Ey!" Llamé al acercarme a los tres hombres trabajando.

"Mijito, que haces aquí? No es un lugar para chiquitos."

Su rostro estaba cubierto de suciedad y sudor había teñido las axilas de su camiseta desgastada. Su enorme barriga colgaba sobre su pantalón manchado de tierra. Él no estaba enojado solo irritado, como mi mamá se ponía cuando no hacia mi tarea.

"Vine de Randsburg. El Sr. Baker me habló de la mina y pensé, bueno, pensé que tal vez podría aprender a encontrar oro." dije con confianza.

"¿A si?" un hombre de pelo rojo, alto, flaco y vestido con ropa parecida al gordinflón me contestó.

"¿Que piensas dejamos que permanezca este mijito?"

"Me llamo Andi, no me llamo mijito," dije con audacia.

"Andi, mijito, no te agites," dijo Rojo sonriendo, sus dientes amarillentos y teñidos con alquitrán de los cigarrillos. "Mi nombre es Rojo, Andi mijito, este es Jak y ese Jo. ¿Qué dices, Jak? ¿Puede quedarse el mijito Andi o le digo que regrese a casa?"

Jak, sus músculos relucientes con sudor, levantó un martillo enorme y destrozó en pedazos una gran piedra de cuarzo. Me miró brevemente y sonrió.

"¿De dónde eres Andi?" Jak me preguntó.

16

"La Base Naval de China Lake," le respondí con orgullo.

"¿Ridgecrest eh? ¿Qué haces aquí en Randsburg? "

"Mi mamá tiene una tienda de curiosidades."

Jak regresó a su trabajo rompiendo piedras, Jo se dirigió hacia la apertura de la mina con un baúl vacio. Rojo recogió el mortero y hierro a sus pies y sentándose, en una silla de tres pies, comenzó a aplastar un pedazo de cuarzo. Observé tranquilamente, nadie me había dicho que me fuera. Si estuviera tranquilo, nadie se daría cuenta de que no me había ido. Quería aprender a encontrar oro.

El molino de dos sellos de John Quinn y George Pridham, ubicado a dos cuadras del centro de la ciudad de Randsburg, cuál aplastaba 10 toneladas de cuarzo diariamente, detuvo su ruidoso "bam, clac".

Miré hacia Randsburg. Vi algunos viejos edificios quemados y me acordé que Mamá me había hablado acerca de los dos incendios en la ciudad, ambos en 1898. Habían utilizado dinamita para extinguir los incendios. Un niño pequeño había permanecido en una de las casas cuando estaba a punto ser dinamitado. Acción rápida salvó al chico. En otra ocasión una ferretería llena de mercancía, platos y utensilios explotó causando una ducha de placas, ollas, sartenes y lavatorios en esa parte de la ciudad.

"¡Como me hubiera gustado ver esa explosión desde aquí! ¡Atención estás a punto de ser golpeado en la cabeza con un lavabo!" estaba pensando y comencé a reírme. Los tres mineros se voltearon a mirarme.

"Ven acá chico, déjame mostrarte algo." dijo Rojo, sus

dientes amarillentos visibles al hablar.

"¿Ves como estoy empolvorizando este pedazo de cuarzo? "

Moví la cabeza en confirmación."Ven a ver," dijo Rojo.

Tomó un sartén plano de metal y vertió el polvo de cuarzo en él. Después se acercó a lo que parecía ser una hoya grande, esta estaba llena de agua. Puso el sartén con el polvo en la hoya. Lentamente sumergió el sartén en el agua. Cuando el sartén estaba lleno, cuidadosamente arremolinó el líquido lechoso, permitiendo que el contenido se botara por el borde hacia el bote entre sus pies. Una vez más llenó el sartén con agua, cuidadosamente girando en la dirección de las agujas del reloj, permitiendo que el agua se llevara el polvo disuelto. Hizo esto una y otra vez hasta que el agua quedó clara. Arremolinó el agua en un círculo como gira líquido por un desagüe parcialmente obstruido. Vuelta tras vuelta, el agua saliendo del sartén poco a poco hasta que estaba casi vacío y allí en la parte inferior, reluciente y brillante, vi partículas de oro.

"¡Aquí está el oro que viste en la piedra de cuarzo!"

Mis ojos se hicieron enormes, oro, allí delante de mis ojos, había aparecido mágicamente de una piedra sacada de la tierra. Rojo tomó un frasco de vidrio y cuidadosamente sacudió los granitos de oro en él. El frasco estaba casi lleno. "¡Uau! ¡Puedo aprender hacer eso!" dije sin querer.

"¿A si? ¡Mmmm porqué no regresas mañana y tal vez te enseñaremos a ser minero!" Se rió, y a la vez retiró de su calcetín un tapón de corcho pequeño y tapó el frasco antes de cuidadosamente regresarlo, profundamente, en el bolsillo derecho de sus polvorientos pantalones jean.

"¡Mil gracias!" le dije con entusiasmo.

"¿Se está haciendo tarde, vuelve mañana temprano oíste? Al amanecer."

"Sí, señor Rojo. Adiós Jak, Jo."

Me fui volando de la montaña, Pasé equipos oxidados, resbalándome brevemente sobre piedras sueltas. Tejí mi camino de regreso a Randsburg y a mi casa.

CAPÍTULO 5

Rápidamente comí el bistec delicioso de pollo frito y "bíscuits" de mi mamá entre mi narración de la tarde. Ella sonrió, tocando los hilos de su cabello que se habían soltado de su cola de caballo. No había cambiado de los shorts que se había puesto en la mañana. El día y mis aventuras con la tarántula y la serpiente fueron disminuidas por el oro y los mineros. Juntos levantamos la mesa y pusimos en orden a la cocina. "Buenas noches mamá," me despedí y me fuí a la cama.

Horas después, en mi recámara, me molestaba mi estómago. Los alimentos que apenas había masticado no los podía digerir. No hallaba el sueño y cambié de posición una vez más. Miré al reloj, era medianoche y aún estaba despierto. Pronto serían las seis y podría levantarme para ir a la mina Butte.

No pude dormir. Solo podía pensar en el oro en la parte inferior del sartén del señor Rojo y cómo iba a encontrar mi propio oro y comprar todo lo que yo quería. Fijándome en el techo vi que la luz de la luna proyectaba sombras extrañas al hacer su camino por mis ventanas polvorientas.

21

La noche estaba fría, y la recámara helada.

El frío no importaba, con ansiedad esperaba la mañana.

CAPÍTULO 6

El sol estaba alto en el cielo cuando me desperté. Me había estado calentando mientras dormía rendido en mi cama. Estaba cubierto de sudor y lento en mis movimientos. El reloj en la pared indicaba las nueve y cuarentaicinco! Estaba tres horas tarde para mi reunión con Rojo. Me puse mis pantalones jean y una camiseta limpia, tiré algo de agua en mi cara y sobre mi pelo despeinado, cepillé la mayoría de mis dientes y entré a la cocina. Mamá me había dejado una nota.

Andi, te veías tan cansado que te dejé dormir. Por favor, cuelga la ropa en la línea de afuera, hazte un sánduiche y espera al Docto Gordon para una lección de ajedrez a las 11:30.   Mamá

¡Que que! ¡Ahora iba a perder mi oportunidad de aprender a sacar oro! Yo iría mañana temprano. Ay, no, espera, mañana era domingo, la mina estaría cerrada. ¿Me enseñaría el Sr. Rojo el lunes? ¡Faltaban dos días enteros antes del lunes! ¿Cómo pude haberme quedado dormido? ¡Estaba tan enojado con mi mismo!

Saqué la ropa de la lavadora tirándola en una canasta de lavandería plástica derramando la caja de pinzas de ropa en la parte inferior. Llevé la ropa mojada afuera a las líneas de cuerda en el patio y me puse a poner la ropa a secar, asegurándome de poner dos ganchos en cada par de jeans y camisetas. Yo no quería que el viento las tirara en la suciedad que constituía nuestro patio trasero.

Regresando a la casa saqué dos pedazos de pan Wonderbread y una jarra de mantequilla de maní del gabinete, y una jarra de mermelada de uva Smuckers de la nevera. Las puse sobre la mesa de Formica verde. Encontré un cuchillo sucio en el fregadero, lo enjuagué y después de secarlo con una toalla de plato me hice un sándwich de mantequilla de maní con mermelada. La mermelada púrpura se deslizó fuera del pan en un gran derrame y lo recogí con dos dedos aspirándolo con los labios.

"¡Mmmm," mi sánduiche favorito era mermelada con mantequilla de maní! Enjuagué mis dedos y me serví un generoso vaso de leche del contenedor de vidrio en el estante superior del refrigerador. Me comencé a sentir mejor, no tan enojado.

Dr. Gordon era mi amigo y había estado enseñándome cosas desde que era pequeño. Vivía en Johannesburg con su esposa. Todos los sábados, durante el verano, él me recogía y me enseñaba el ajedrez. Tal vez él sabía algo sobre la minería de oro. Miré al reloj. ¡Ya eran las 11:30! El timbre sonó.

"Un segundo," grité y a la vez enjuagué rápidamente mi plato con agua y jabón y lo puse a secar. Tomé una esponja e hice una pasada a la mermelada pegajosa en la mesa Tiré la esponja en el fregadero de platos y me dirigí a la puerta y la abrí. El doctor Gordon sosteniendo una caja llena de botellas de color violetas, me saludó, "¿Hola Andi, listo para jugar al ajedrez?"

"Seguro", respondí, mirando confundido a la caja. "¿Para qué son esas botellas vacías?"

"Aaa," dijo al ponerlas en la mesa de la cocina. "Estas son para que venda tu madre."

"¿Hay personas que compran botellas viejas vacías?"

"¿Estas son botellas especiales, ves el color violeta?"

"Mm," dije desinteresadamente. "¿Personas pagan dinero para botellas viejas?"

"Hijo, seguro, estas botellas cambiaron colores porque manganeso se utilizó para hacer el vidrio de estas botellas. Personas incluso toman botellas viejas y hacen árboles botella."

"¿Qué es un árbol botella?"

"Es donde las botellas están puestas en palos y expuestas al sol, el manganeso va a cambiar el color del vidrio. Dejaron de incluir manganeso en vidrio en la década de 1930, y por eso, algunas de estas botellas pueden tener un valor de cien dólares."

"¡Cien dólares! ¿Para una vieja botella fea? ¿Dónde las encuentro?"

"Puedes encontrarlos en cualquier lugar; las personas han estado tirando botellas por años. He encontrado estas cerca de mi casa, estoy seguro de que hay muchas botellas viejas en las áreas de minas alrededor de aquí. Debes mantener los ojos abiertos para encontrarlos."

"¡Así lo haré, Doctor Gordon, gracias!"

Nos sentamos a jugar una partida de ajedrez en un tablero antiguo que el Dr. Gordon había traído y le conté todo: los mineros y la serpiente de cascabel que había visto en la mina y sobre el señor Rojo y Jo y Jak. La tarde pasó y perdí el juego de ajedrez, pero fue muy bueno contarle a alguien acerca de mis aventuras y saber que él no le contaría a mamá mis locuras.

Cuando el Dr. Gordon se fue, llevé las botellas a la tienda de mamá y le ayudé a ponerles precios y acomodarlas en una mesa.   Miré todas las cosas que ella había pintado. Desde chiquito mamá me enseñó a dibujar un poco y me gustó. Cuando era mayor iba a estudiar arte.

La tienda no estaba muy ocupada y Mamá me dió algo de dinero para un Nehi y un pastel de Moon pie y me fui a la

Tienda General. El sol había empezando su camino detrás de las minas y pude ver la cima de la montaña Roja con su resplandor color. Las puertas de madera cerraron ruidosamente cuando entré en la tienda.

"Mira mira quien está aquí, mi amiguito Andi. ¿Estabas perdido hoy hijo?" Rojo preguntó masticando un trozo de salchicha, sus dientes generalmente amarillos, ahora una mescla de marrón y amarillo.

"Lo siento, señor, lo siento de veras. ¿Puedo ir el lunes?"

"¿Aun estás interesado? Hijo seguro, ven cuando puedas. Te enseñaremos cómo obtener algo como esto." Él sacudió su frasco de oro; brillaban granitos en los últimos rayos de luz que venía travesando la ventana. Miré como el Sr Baker vertió las granulas de oro en la escala, los pesó y contó el dinero. Rojo cuidadosamente doblo los billetes por la mitad y los guardó profundamente en el bolsillo delantero de su mugroso pantalón jean.

Pagué por mi pastel Moon pie y mi bebida. Tomé con dos dedos, un poco del pastel cubierto de chocolate, el relleno pegajoso se adhirió a la parte interior de mi boca. Mmmm.

El Nehi cosquilló a mi nariz dejando pegajosos mis dedos y cara. Había sido un buen día y mañana, iba a encontrarme algunos pedacitos de oro. Al volver a la tienda de mamá, la vi esperando afuera.

Caminamos juntos por la calle polvorienta hacia nuestro hogar. Mamá se veía bonita, su cabello estaba suelto, marrón y brillante. Noté que yo era casi tan alto como ella.

"Muy pronto serás más alto que yo," dijo como si había leído mi mente.

"¿Cómo de alto crees? ¿Tan alto como papá?"

"Apuesto que serás más alto que tu papá, 6 pies 4 pulgadas," dijo poniendo un brazo alrededor de mis hombros e inmediatamente apartándose. "¡William Andrew Cherry, estás pegajoso!" Sube y toma una ducha, cepíllate tus dientes y a la cama."

"Sí mamá," respondí obedientemente, iba salir por la puerta antes de que los gallos cantaran por la madrugada. Mañana era mi día de suerte, lo presentía.

CAPÍTULO 7

Mi alarma sonó a las 5 am y salté de la cama, poniéndome pantalones jean viejos, una camiseta desgastada y un suéter para conjurar el frío de la mañana. La cocina estaba congelada. Me serví un tazón de Corn Flakes, agregué el azúcar y la leche. Terminé rápidamente, enjuagué el recipiente y la cuchara en el agua fría del grifo y me puse mis zapatos Keds. Después de agarrar una manzana, mi linterna y cantina llena, apagué la luz de la cocina y salí silenciosamente por la puerta principal.

Estaba oscura la mañana y el viento frío atravesó los hilos de mi suéter dándome escalofríos. Comencé a correr para calentarme. Pasando la iglesia, la escuela, hasta la colina, mi linterna flotando salvajemente creando sombras espeluznantes que rebotaban sobre la antigua maquinaria abandonada y chozas dilapidadas. Pude ver la silueta de la mina Butte en la colina; su forma como un gigante silencioso, oscuro y tenebroso. Empecé a respirar de nuevo, no me había dado cuenta que había dejado de hacerlo. Todo estaba demasiado tranquilo. Solo escuchaba mi respiración. ¿Es mi respiración? Estaba congelado de miedo, de pie en la oscuridad, en una colina. Finalmente vi a una luz en la cima de las montañas. Lentamente, se extendió hacia el cielo con cintas iluminadas de color rosa y amarillo. El sol salía. Mi respiración comenzó a normalizar y el "bam, bam, clac, clac," del día comenzó. Pude ver la mina iluminada por el sol. Me puse en camino hacia la colina.

Los escuché antes de verlos, sus risas y conversación llegó en forma de eco atravesando las lomas de la mina y filtrado a mí oído. Con mi respiración laborada, escalé las colinas tomando pasos largos, acercándome tan rápido como permitían mis piernas.

"¡Buenos días, señor Jo, señor Jak, llegué!" Dije triunfante batallando para respirar.

"Ya veo mijito, umm Andi. Búscate un café."

"Uh, no gracias, mi mamá no, um, no deseo uno gracias."

Rojo se hechó a reír. Rió tanto tiempo que empezó a toser, tosió y tosió y empezó a escupir. Su aliento olía a cigarrillos.

"Está bien chico, ven acá, te voy a dar un trozo de cuarzo, usa este mortero y hierro, te voy a mostrar otra vez qué hacer." El sol había completado su rumbo hacia el cielo y el aire aún estaba fresco, los dedos de mis pies se me congelaban en mis calcetines delgados y mis zapatos Keds. Me senté en una roca. Con entusiasmo recogí el cuarzo. Podía ver la vena de oro en la piedra; lo golpeé con el martillo. Se rompió y puse una pequeña pieza en el mortero machucándolo como recordé que había hecho Rojo. Me tomó una hora pulverizar el cuarzo que había recibido. Rojo pasó ocasionalmente para ver lo que estaba haciendo. Machuqué el cuarzo hasta que mis manos y brazos me dolían. Mis brazos se sentían como jalea de la fuerza constante que tenía que aplicar, sudor goteaba de mí frente y la sal y la suciedad me ardían los ojos. Me levanté cuando el cuarzo quedó como un polvo fino y lo puse en la cacerola de oro. Puse agua cuidadosamente en la cacerola de oro y empecé a agitar el agua.

"¡Ey mijito, vas a perder el oro de esa manera!" Rojo dijo amistosamente. Se puso a cuclillas a mi lado mostrándome cómo gíralo y para asegurar que la sustancia blanca encontrara su lugar fuera del sartén de oro. Traté de nuevo, fallando miserablemente al principio y a continuación. Finalmente dominé la técnica. El líquido nublado se convirtió en sedimentos más claros y pesados y se establecieron en la parte inferior del sartén. Mi corazón latía fuertemente en mi pecho de la emoción. Vi algo brillar en la luz del sol y le di al sartén una vuelta exagerada y todo el líquido cayó en la cazuela grande a mis pies. ¡Mi cazuela de oro ahora estaba vacía! En mi prisa había invertido el poco de oro que había sacado del cuarzo, en la tina grande, cuarzo polvorizado se estableció por encima de el. El oro había desaparecido.

"¡Ay, Noooo!" Grité en desesperación. Era mediodía y no tenía nada que mostrar para mis cinco horas de trabajo. "¡No puedo hacer esto! ¡Es ridículo! ¡Una pérdida de tiempo!"

"Cálmate mijito, si fuera fácil todo el mundo lo haría. Por eso estas máquinas fueron inventadas, para procesar

más cuarzo de la mina. Vuelve a intentarlo mañana. Vete a casa mijo, ve a jugar o a leer algo o ve a comer. Olvídate del oro, esta no es una vida pa ti." Oí la voz de

Jak como de un lugar lejano. Yo estaba en una neblina de depresión. Me levanté lentamente, pasé mi lengua por mis labios secos. Limpié mis ojos y nariz sobre la manga de mi suéter y me fui sin despedirme.

Me fui directamente a la casa, tomé una ducha caliente, y encontré un sánwich de atún en la nevera que mamá había hecho para mí. Con ganas de llorar pensé en el libro de historietas que no podía comprar. Decidí salir a caminar.

La Tienda General estaba vacía. El Señor Baker estaba dormido en el taburete con sus gafas encaramadas sobre su nariz y el periódico en sus manos. Caminé hacia donde estaba la revista. Recogí el *Superman* para leer la parte posterior de la revista. Nombre kryptoniano de Superman era Kal-El, nombre de su padre era Jor-El, su prima, la súper chica, Kara Zor-El. Andi-el me gustó como sonaba. Se movió el Sr. Baker. Regresé el libro de historietas a su lugar. Podría empezar a trabajar el cuarzo nuevamente mañana.

Fui a la mina cada día desde el amanecer hasta el anochecer. Golpeé trozos de cuarzo, tosí polvo, ensuciaba mi ropa y finalmente fui capaz de poner en el frasco de vidrio, que me regaló el señor Rojo, pedacitos diminutivos de oro. Estaba tan feliz. Nunca había trabajado con tanto fulgor. "Buen trabajo, Andi mijito, tienes al menos veinte dólares de oro," dijo Rojo.

¿"De veras. Estás seguro?" pregunté incrédulo.

"Bueno, yo no soy experto y no te lo puedo pesar pero, bueno, ve adonde el Señor Baker y pídele que te lo pese," respondió Rojo.

Esa tarde, una semana después de haber empezado a ir a la mina, me encontré en la tienda General. Las puertas de pantalla hicieron su ruido fuerte al yo entrar. Fui y recogí la revsta de *Superman*, agarré la bebida Nehi más fría de la nevera y abrí un pastel de Moon pie, la mitad del relleno la puse en mi boca antes de llegar al registro.

"¡Andi! ¡Así que tienes algún dinero hoy!" preguntó el Señor Baker con una mirada preocupada.

"Mejor que dinero. Tengo para pagar por todo esto."
Saqué mi pequeño frasco de oro, lo coloqué en el contador.
"Mira lo que tienes." El Sr. Baker retuvo el vial de oro con sus ojos.

"Tienes suficiente para esa comiquita de *Superman*, esa mitad comida de pastel Moon pie, el Nehi, más un pastel más," el dueño de la tienda dijo entregándome un segundo Moon pie. Puso su mano en su bolsillo, y sacó un puñado de monedas. Con su otra mano escogió dos quarters y un níquel, los miró y abrió la caja registradora dejándolos caer en sus respectivos lugares. Puso mi frasco de oro en su bolsillo.

"Gracias hijo. Que la pases bien y disfruta tu libro de *Superman*. Buen trabajo."

El pastel gomoso se pegó al techo de mi boca. Supongo que Rojo estaba equivocado, yo no había encontrado una gran cantidad de oro. ¿O sí?

El pueblo de Randsburg, Ca. 2010

La fuente de soda original de la

Tienda General. 2010

Lo que queda de Butte Mine, Randsburg,

Mineros y la máquina de estampar (foto del museo de Randsburg)

Enormes piedras de cuartzo en Randsburg, CA

Venas de oro en pedazos de cuartzo

Botella de vidrio hecho con manganes

OTHER BOOKS AND CD'S BY GEORGETTE 800-393-1336

CUENTOS Y CANCIONES The Little Red Hen, ABC's, Days of the Week, Las Mananitas, Vengan a Ver Mi Granja, La Sombra , story of Periquito, Un Elefante, everything in English and Spanish. Guitar chords included. **$12.95**

AESOPS FABLES / LAS FABULAS DE ESOPO CD with 6 Stories in English and Spanish **CD $10.00**

MULTI-ETHNIC STORIES/ CUENTOS MULTICULTURALES AGES 8 AND UP Multicultural stories in Spanish and English. Includes a Native American, African, Indian and Chinese folk tales, a song about the origin of chocolate, and a listening game. Follow up exercises for each story are included **CD/book. $10.95**

CANTEMOS CHIQUITOS A collection of 14 of the most popular Latin American Classic children's songs, in Spanish and English with accompanying bilingual songbook, some piano music. LOS POLLITOS, TENGO UNA MUNECA, QUE LLUEVA, DE COLORES, PERIQUITO, CON REAL Y MEDIO, ARRURRU, EL SAPITO, EL GUSANITO. **CD/BOOK $10**

CANTEMOS CHIQUITOS # 2 More Songs from South the Border 20 songs and fingerplays in English and Spanish. Includes LA CUCARACHA, 5 LITTLE MONKEYS, plus VOWELS, COLORS, NUMBERS AND 6 holiday favorites (Noche de Paz, Jingle Bells, Cantemos, Noche Buena, Gloria).Full orchestration, bilingual song book with piano music included. **$10.95 CD and Book**

FUNEMIC AWARENESS Songs that emphasize Spanish language phonemic awareness: Guantanamera, La Bamba, The Chicken Dance, La Cucaracha, Una Mosca, Chocolate. **Book/CD, piano and guitar $12.95**

Canciones Patrioticas Americanas/Patriotic Songs $10

SONIDOS SERENOS meditaciones simples para enfocar y relajar. **$10 We'r off to the Great Barrier Reef- Australia** Bilingual book **$12.95 We're off to the Galapagos** Bilingual book **$12.95**

We're off to Peru Bilingual book **$12.95**

We're off to the Great Barrier Reef- Australia Bilingual book **$12.95**

We;re Off to Mo'orea/Nos Vamos a Mo'orea $12.95

We're Off..to Learn Some Falconry

Tagalog Made Easy

www.cantemosco.com

La Autora

Georgette Baker nació en la isla de Aruba, fue criada en Venezuela y vivió en Ecuador y Grecia. Ella habla cinco idiomas y es autor de la serie de libros bilingües, "Nos Vamos..." Ella es la productora de la serie bilingüe de música para niños, Cantemos. Georgette actualmente reside en el sur de California y ofrece presentaciones en las escuelas y bibliotecas.

http://www.cantemosco.com